CONFÉDÉRATION EUROPÉENNE

OU

L'EUROPE

EN

1869

Ⓒ

54516 PARIS. — TYPOGRAPHIE ET LITHOGRAPHIE RENOU ET MAULDE, RUE DE RIVOLI, 144.

CONFÉDÉRATION EUROPÉENNE

OU

L'EUROPE

EN

1869

PAR UN SPIRITE

Les temps approchent!

—

A.-C.

—

PARIS

IMPRIMERIE RENOU ET MAULDE

RUE DE RIVOLI, 144.

—

1866

CONFÉDÉRATION EUROPÉENNE

ou

L'EUROPE

EN

1869

La guerre à mort entreprise contre le vieux système européen vient de se terminer à la gloire de la France et à l'honneur des principes immortels de 89. La Révolution a vaincu : le principe des nationalités et de l'unité des peuples, hautement affirmé par la France, victorieux en Italie, victorieux en Allemagne, devait infailliblement, par la conséquence logique des événements, triompher tôt ou tard en Pologne, en Orient et dans toute l'Europe. Le *Jugement de Dieu*, auquel les nations avaient fait appel d'une longue tyrannie et de leurs cruelles souffrances, a été prononcé; la cause des peuples est gagnée.

La grande œuvre de la politique napoléonienne, poursuivie avec une indomptable persévérance, se trouve accomplie : la paix repose désormais sur des bases solides, sur les fondements les plus inébranlables, l'égalité et l'indépendance des nations, l'équité et les droits des peuples bien reconnus.

Les peuples européens, dissous jadis et morcelés par la conquête et par des conventions iniques ou d'une politique égoïste, agglomérés maintenant d'après leur situation géographique et leurs frontières naturelles, parlant la même langue, ayant même origine, même esprit, mêmes intérêts, ne formeront chacun à l'avenir qu'un seul et même corps de nation compacte et homogène. Les rouages si compliqués de la vieille machine politique étant sagement simplifiés, l'application du congrès américain est devenue possible pour la grande république européenne : de ce moment il lui sera permis de se livrer sans craintes ni distractions aux travaux de la paix et de réaliser progressivement ce qu'on avait appelé jusqu'ici les rêves ou les illusions du beau idéal de la civilisation.

Après une guerre formidable, qui sera la dernière pour l'honneur de l'humanité, les souverains de l'Europe, réunis en congrès à Paris, ont proclamé les principes généraux de la nouvelle constitution européenne, dont les principales dispositions sont les suivantes :

1° Les nations de l'Europe se constituent en confédération générale : la *paix perpétuelle* est jurée par les souverains; toute guerre européenne est une guerre civile;

2° Les frontières qui viennent d'être assignées à chaque État sont déclarées immuables : tout agrandissement nouveau est interdit comme un crime de lèse-nation;

3° Un congrès européen est institué en permanence; il résidera successivement dans chacune des capitales de l'Europe;

4° Les peuples sont égaux devant la loi internationale : ils reconnaissent le pouvoir souverain du Congrès, qui statuera sur toutes les questions d'intérêt général européen suivant les notions du droit international et de l'équité;

5° Les peuples et les souverains ne pourront, sous aucun prétexte, recourir à la voie des armes, et seront tenus de soumettre aux décisions juridiques de l'Assemblée européenne les difficultés qui surgiront entre eux. Les arrêts rendus par le Congrès sont obligatoires et sanctionnés par l'exécution fédérale;

6° Le libre échange devient la règle commerciale des peuples. Les mers et les rivières navigables sont libres et communes. Un système uniforme des monnaies, poids et mesures, sera adopté partout en Europe pour faciliter les relations industrielles et les transactions commerciales;

7° La langue française, qui est déjà la langue diplomatique, sera enseignée dans tous les États de l'Europe comme langue universelle;

8° Le drapeau rouge étoilé d'or est le drapeau de la

Confédération. Une armée et une flotte européenne, organisées et entretenues par les contingents respectifs, protégeront les intérêts généraux de l'*union* et de la civilisation universelle.

C'est ainsi que la nouvelle constitution de l'Europe assure le maintien de la tranquillité générale : la *paix perpétuelle* est devenue un principe, une vérité.

La balance politique a été réellement établie par une sage pondération des forces entre les différents peuples. Les nations rendues égales en puissance, aucune ne peut dominer les autres par sa prépondérance : dès lors, plus de conflits, plus d'aspirations ambitieuses à la suprématie. Cette égalité des peuples n'est-elle pas la première et la plus forte garantie de l'équilibre et de la paix européenne?

Il suffira de jeter un coup d'œil rapide sur la carte de l'Europe confédérée pour se rendre compte de la situation respective des peuples, et pour reconnaître qu'un équilibre parfait règne entre les grandes puissances, qui, égales en forces, en étendue territoriale, en population, se contiennent les unes par les autres. Renfermées dans les limites qui semblent avoir été tracées par la nature elle-même, chacune de ces puissances travaillera, sans crainte des agressions extérieures, à développer ses institutions intérieures, son esprit public, sa moralité, sa richesse nationale.

1° La *France*. — Contenue dans ses limites naturelles, qui lui sont rendues, la France n'a aucun intérêt les franchir. Tout entière à l'accomplissement de ses devoirs fédéraux, au progrès de sa prospérité intérieure, elle sera la première à respecter l'indépendance des peuples, à soutenir l'œuvre de la constitution européenne laborieusement accomplie sous son énergique inspiration. Sans esprit de domination, il lui suffit d'être l'égale des puissantes nations ; elle ne saurait porter ombrage à personne.

2° L'*Angleterre*. — Isolée dans son île, en face de l'Europe unie, l'Angleterre a abdiqué volontairement ses prétentions à la suprématie des mers.

Une entente sincère et cordiale existe désormais entre elle et la France : les deux nations si longtemps ennemies ont déposé leurs vieilles rancunes, leurs rivalités séculaires sur l'autel de la grande patrie européenne, et, de ce jour, il n'y aura plus entre elles d'autre rivalité que celle de concourir à l'envi aux progrès de la civilisation du monde.

L'ombre immortelle de Sainte-Hélène est bien encore toujours là un souvenir sinistre de honte et de reproche ; mais bientôt luira pour l'Angleterre le grand jour de la démocratie et de l'égalité, sans laquelle la liberté n'est qu'un mensonge, et le peuple anglais, armé du suffrage universel, lavera lui-même la tache imprimée au front de l'Angleterre, et vengera l'outrage fait à l'humanité et à la France par les lords anglais, jetant Napoléon Ier sur les rochers de Sainte-Hélène en violation du droit des gens.

3° L'*Espagne* (ou l'empire ibérique), placée comme dans une citadelle fermée par l'Océan et les Pyrénées, trouvera en face de Gibraltar, dans l'Afrique marocaine, un aliment à l'activité de ses peuples régénérés.

4° L'*Italie*, une et libre depuis les Alpes jusqu'à l'Adriatique, va reprendre le cours de ses conquêtes pacifiques dans les domaines des beaux-arts et des sciences.

5° Au centre de l'Europe, l'*Empire allemand* est resserré, comme dans un cercle de fer, au nord par la Suède et le Danemark unis, au sud par l'Autriche, à l'est par la Pologne, à l'ouest par la France. La part qui est faite à l'Allemagne est grande et belle parmi les nations. Elle se gardera donc de toute velléité d'ambition et de conquête, sous prétexte de revendication de quelques territoires limitrophes ayant appartenu à l'ancienne Confédération germanique. De pareilles prétentions apporteraient un trouble grave dans le nouvel équilibre européen, et atteindraient directement les intérêts des peuples voisins, en particulier ceux de la France et de l'Autriche. Une coalition formidable y répondrait. Mais ce danger n'est pas à craindre : pendant un long temps, l'Allemagne sera absorbée par le travail de son unité et de son organisation intérieure. D'ici là les idées de paix et de liberté, la fraternité des peuples, auront rendu plus impossibles encore les convoitises coupables, les ambitions illégitimes et sans but important.

6° L'*Autriche.* — Maîtresse de la riche vallée du Danube, du cours entier de ce magnifique fleuve, l'Autriche, rajeunie et transformée en empire de Danubie, est limitée par des frontières naturelles parfaitement tracées, à l'est par la mer Noire, à l'ouest par la continuation des Alpes jusqu'aux montagnes de la Bohême, au nord par les Carpathes, au sud par toute la ligne des Balkans.

Agglomération de provinces de race et de langue différentes, réunies seulement par la communauté des intérêts et par la situation géographique, l'Autriche, plus que toute autre puissance, a besoin de la paix pour mener à bonne fin l'œuvre de la conciliation de l'indépendance et de l'autonomie de ses peuples avec les nécessités d'une centralisation favorable au progrès de la civilisation.

7° La *Pologne*, cette sœur bien-aimée de la France, lui tend la main par dessus l'Allemagne. Rétablie dans ses anciennes limites, à cheval sur l'Europe, un pied dans la Baltique, l'autre dans la mer Noire, la Pologne ressuscitée se dresse libre et puissante, fermant à jamais la route de Constantinople à l'ambition du Moscovite.

8° La *Russie*, délivrée du cancer de la Pologne, attaché à ses flancs depuis près d'un siècle, se console par la liberté de la perte des territoires qu'elle avait usurpés par la violence. — Avant-garde de l'Europe en Asie, dans ce monde asiatique, si rebelle au progrès, où elle pourra s'étendre et y obtenir d'immenses compensations, elle rendra d'utiles services à la civilisation universelle, au lieu d'être pour elle un danger, une menace perpétuelle.

9° Au nord, la Suède et le Danemark unis ont recouvré leur lustre et leur ancienne splendeur ; *l'Empire scandinave* trouvera dans l'union de ses races une force suffisante pour faire respecter les droits de ses peuples.

10° Au sud de l'Europe, l'*Empire grec*, rétabli avec Constantinople pour capitale, quoique moins vaste et moins populeux que les États voisins, constitue néanmoins une nationalité compacte, et a devant lui l'Orient ouvert à sa légitime ambition.

Cette délimitation des États paraît logique et équitable, cette distribution des peuples européens par groupes rassemblés ou juxta-posés d'après l'identité de races ou la conformité de mœurs et de langue, répond aux vœux et aux ambitions légitimes des nations, dont chacune pourra accomplir librement la mission qui lui a été réservée. Chaque peuple a réuni dans son sein les fragments épars de sa nationalité, tous les éléments qu'il pouvait s'assimiler, à l'exception de quelques parcelles de territoires limitrophes qui ont été dévolues aux États voisins, à cause de la situation géographique ou par des raisons d'équilibre.

La paix est consolidée à jamais, car il n'y a plus en Europe que des nations libres, membres réconciliés d'une grande et même famille. Le règne de la raison est affirmé : ce n'est plus la force, la violence, mais la justice, qui domine les peuples. Ce n'est plus la force mais le droit souverain du monde, qui décide du sort des nations.

Partout on a cherché et on a trouvé les moyens de

dénouer à l'amiable les difficultés, au lieu de les tran-
cher par les armes. Les gouvernements sont d'accord
pour reconnaître la souveraineté d'un pouvoir législatif, le Congrès, dont la mission est de maintenir la
tranquillité publique, de sauvegarder les droits et les
intérêts de tous.

Comme pour les particuliers les décisions du juge
rendent inutile et impossible le recours à la violence
pour se faire justice ; comme la loi civile règle les rap-
ports de citoyen à citoyen, de même la loi internationale a consacré un ordre légal et moral constamment
valable et obligatoire pour les peuples, sous peine de
déchéance morale et de coalition générale.

Non-seulement la paix est assurée par cette sanc-
tion donnée au droit international, mais la guerre en
Europe est une impossibilité : en effet, la source et la
cause de toutes les guerres, la conquête ou l'annexion,
ont disparu avec l'absorption des petits États, *frac-
tions isolées* des grandes nationalités. Chaque peuple,
uni et compacte, trouverait, au besoin, dans sa nationalité fortement constituée les moyens d'opposer une
résistance invincible à tous les efforts qui seraient
tentés dans l'espoir de l'absorber ou de l'asservir, en
admettant même, ce qui ne pourrait être, que les
autres Etats ne vinssent pas à son secours en décrétant
l'exécution fédérale contre les violateurs du pacte
européen.

D'ailleurs la paix est le premier vœu des nations,
la nécessité de tous les peuples. L'influence décisive
des intérêts commerciaux et industriels amène une
étroite solidarité entre les différents peuples, solida-

rité telle que le moindre trouble produit par la guerre dans leurs relations commerciales compromet à peu près également les intérêts de tous.

A mesure que les barrières qui divisent les hommes s'abaissent, les mêmes intérêts tendent à les réunir; le libre échange, le progrès moral et intellectuel, les communications rapides et fréquentes entre les peuples, la prépondérance des idées libérales, brisent les obstacles et rapprochent les distances. Il n'y a plus déjà de frontières, et les limites qui séparent les nations ne sont plus que des signes géographiques.

Le licenciement des grandes armées permanentes, en détruisant à jamais le despotisme et l'esprit de conquête, est une nouvelle et sérieuse garantie pour la Paix et la Liberté.

Le désarmement européen, opéré sur une vaste échelle, permet de renvoyer trois millions d'hommes dans leurs foyers. Les budgets des divers États enrichis de trois ou quatre milliards que l'Europe dépense chaque année pour l'entretien des armées, il sera facile avec ces immenses économies d'alléger les impôts onéreux qui écrasent les peuples, de pousser avec vigueur les grandes entreprises d'utilité publique, de développer la richesse internationale.

Les souverains, affermis sur leur trône par le respect et la reconnaissance des peuples, peuvent se livrer sans crainte aux magnifiques travaux de la Paix et au perfectionnement des institutions sociales.

La plus haute ambition, la plus noble émulation anime les princes, celle de fonder, de consacrer enfin l'empire de la raison et de la liberté, le plein exercice, l'entière jouissance de toutes les facultés humaines.

Cette gloire civile n'est-elle pas plus touchante et plus belle que celle de ravager le monde, et de répandre partout, autant chez soi, au milieu même des victoires, que chez les peuples vaincus, le Carnage, la Désolation et la Ruine?

FRANCE — QUESTIONS INTÉRIEURES

I

Égalité sociale. — Le Travail et le Capital. — Sociétés coopératives. — Caisse de crédit pour les Sociétés coopératives. — Le Salariat et l'Association. — L'Empire et les classes ouvrières.

De tous les régimes antérieurs, le gouvernement impérial est sans contredit celui qui a eu le plus à cœur le bien-être des populations ouvrières et agricoles.

La question si intéressante de l'amélioration matérielle et morale des travailleurs a toujours été l'objet de ses plus constantes préoccupations.

Dès le début de son règne, Napoléon III, mettant en
pratique la maxime si sensée de son Gouvernement :
Res non verba, crée ou protége et encourage les institutions les plus utiles aux classes laborieuses : de nom-
breuses sociétés de secours mutuel, une Caisse des re-
traites pour la vieillesse, l'Orphelinat impérial ou prêt
au travail, l'instruction répandue à larges flots sur le
peuple, tels sont les premiers gages de sa sollicitude
pour les intérêts populaires.

Déjà en possession de l'égalité politique par le suffrage universel, les classes ouvrières ont encore à con-
quérir l'égalité sociale qui, pour elles, est le but, le
grand problème, la conséquence nécessaire de l'égalité
politique. Nous suivrons tout à l'heure, pas à pas, le
chemin rapide qui a été parcouru par les classes ouvrières, au point de vue social, depuis le rétablissement
de l'Empire.

Lorsqu'en 1780, le peuple réclamait les droits civils
et politiques, Siéyès, fidèle interprète de la pensée nationale, s'écriait : « Qu'est-ce que le Tiers-État?.....
Rien. Qu'est-ce qu'il doit être?.... Tout. » Le lendemain, la Révolution avait répondu, et la proposition de
Siéyès était devenue une réalité.

Dans notre dix-neuvième siècle, la question est plus
avancée : il s'agit maintenant pour le peuple d'arriver à
l'égalité sociale. Une nouvelle proposition, formulée
dans des termes analogues, caractériserait également
bien la situation actuelle sous le rapport social:
Qu'est-ce que le Travail?... Rien.— Que doit-il être?...
Tout. C'est le contraire qui est vrai. Et de même
qu'avant la Révolution, le Tiers-État n'était rien dans

l'ordre politique, de même aujourd'hui, dans l'ordre social, le Travail n'est rien, le Capital est tout.

Situation étrange ! Le Capital et le Travail ne devraient-ils pas être deux alliés fidèles, deux associés au moins égaux ? Si le Travail a besoin du Capital dans une certaine mesure, que serait donc ce dernier sans la coopération du Travail ? ce que serait le navire sans le pilote, la charrue sans le laboureur.

Et pourtant, quelle choquante inégalité entre l'homme du Capital et l'homme du Travail ?—L'un, plongé dans l'oisiveté, nage au sein des richesses dans l'abondance des biens de la terre ; l'autre, rongé par les noirs soucis, végète misérablement au prix des plus rudes labeurs et des plus cruelles privations.

Ce sont là des faits dont l'évidence ne peut être contestée, et dont nos regards ont été souvent affligés. Cette inégalité est à la fois trop grande et trop sentie pour que le progrès humanitaire ne la fasse peu à peu disparaître.

L'inégalité est, dit-on, irrémédiable parmi les hommes, inhérente à la nature humaine. Oui, cela est incontestable ; mais il est facile, par des observations à la portée de toutes les intelligences, d'établir une distinction entre les inégalités qui dépendent de la nature humaine, et celles qui résultent des lois, des institutions sociales.

Certes, il ne s'agit pas ici de cette égalité chimérique et absurde du communisme qui consisterait à abaisser toutes les têtes sous un même niveau fatal. Non ; il s'agit de cette égalité sainte et légitime qui veut élever, assainir les couches inférieures de la société; qui cherche, par une répartition plus équitable des bénéfices de l'état social, à assurer à tous par le travail la plus grande somme de bien-être matériel, intellectuel et moral; qui voudrait enfin donner à chaque homme, dans les limites du possible, la plus large place au banquet de la vie. N'est-ce qu'une généreuse utopie? Non : le soleil est assez grand pour éclairer le monde, la terre assez vaste et assez féconde pour nourrir ses fils ; tous peuvent y vivre à l'aise, si tous apportent bonne volonté, fraternelle modération dans l'usage de ses biens.

La justice, l'humanité, l'intérêt de toutes les classes, nous commandent d'améliorer l'état actuel de la société. Une réforme complète du système social est réclamée par les esprits les plus élevés. Par quels moyens s'effectuera-t-elle? Tous, nous voyons le mal ; où est le remède, et comment l'appliquer? le problème est posé, comment le résoudre? Il ne faut pas se le dissimuler, la tâche est rude, la route est pénible, mais avec de la persévérance et une patiente énergie, les prolétaires parviendront au but qu'ils se proposent d'atteindre depuis longtemps, l'affranchissement du travail.

Déjà les premiers jalons sont posés, le terrain est déblayé, le chemin aplani, la voie est ouverte.

Hier encore, c'était le règne du privilége. Quelle liberté d'action vraiment réelle, efficace, avait été laissée aux ouvriers? Il leur était défendu de se réunir ; ils ne pouvaient s'entendre, ni se concerter, ni s'associer entre eux. Si, par une résolution commune, ils tentaient d'obtenir une augmentation de salaire, aussitôt l'amende et la prison ; c'était là une coalition punie par la loi.

Toutes ces entraves ont disparu.

La loi des coalitions, promulguée sur l'initiative personnelle de Napoléon, le droit de réunion accordé aux ouvriers pour discuter librement leurs intérêts — constituent pour eux une véritable émancipation, et les conduisent, dans l'ordre social, à une conquête égale à celle du suffrage universel dans l'ordre politique.

En effet, avec l'autorisation de se réunir pour parler de leurs affaires, pour discuter même le prix des salaires ; avec la faculté de se concerter, d'employer tous les moyens pour faire valoir leurs droits légitimes, les ouvriers traitent désormais sur un même pied d'égalité avec les chefs d'atelier ; et s'ils savent maintenir leurs prétentions dans une sage mesure ; s'ils n'oublient pas surtout que les salaires sont dominés par la question de la concurrence et du taux de la production ; qu'il est parfois impossible à un patron, telle bonne volonté qu'il ait, de faire droit à des demandes peut-être très-justes au fond, ils obtiendront des concessions inattendues et une sensible amélioration de leur condition.

A partir de ce moment, les classes laborieuses ont conquis l'égalité sociale en droit ; il n'est plus question que d'introduire ce droit dans le domaine des faits. Cela sera facile, si les travailleurs parviennent à franchir les deux obstacles qui, seuls aujourd'hui, entravent leur marche : l'ignorance et le despotisme du Capital.

Grâce à la volonté ferme de l'Empereur, à l'énergique impulsion du chef de l'Université, digne ministre de Napoléon, comme lui dévoué corps et âme au bien public, l'instruction a fait dans un court laps de temps des progrès remarquables. Bientôt le fléau de l'ignorance, poursuivi partout sans relâche, ne trouvera même point un refuge dans le hameau le plus reculé de la France.

Déjà les ouvriers plus instruits, plus capables de réflexion, comprennent leurs véritables intérêts et reconnaissent tout ce que fait le gouvernement impérial pour leur venir en aide. Déjà ils apprécient mieux surtout les bienfaits de l'instruction, qui, développant l'intelligence, rend plus facile et plus productif le travail même, et répand sur la vie du travailleur, si dure, si traversée maintenant, le charme de l'esprit et de la science.

Quant au despotisme du Capital, ce dernier obstacle n'est point insurmontable. Les ouvriers ont à leur disposition un puissant levier, un moyen infaillible pour vaincre le Capital, pour le forcer à devenir ce qu'il doit être, l'égal du travail, c'est l'association, cette force immense de l'avenir, destinée à transformer le monde.

Par la loi sur les sociétés coopératives, sincère hommage à la liberté d'association, le gouvernement impérial a remis cette arme invincible entre les mains des travailleurs. Il ne tient qu'à eux maintenant de faire sortir le travail de l'état d'infériorité où on l'avait placé vis à vis du Capital.

Ainsi les classes laborieuses sont en possession de leur liberté d'action, du plein exercice de tous les droits politiques et sociaux. Une seule chose leur manque, l'initiative, la pratique de la liberté sociale. Aux ouvriers actifs, laborieux, aisés, de donner l'exemple ! Pourquoi n'associeraient-ils pas leurs épargnes, quelque modiques qu'elles puissent être ? Pourquoi ne suppléeraient-ils point par le nombre et l'intelligence à la faiblesse de leurs ressources financières ? Il dépend d'eux d'organiser par actions des sociétés industrielles ou commerciales, constituées de manière à les placer dans une position supérieure à celle de salariés. Par la coopération, ils seront affranchis de toute espèce de tutelle ou de patronage. Ils seront maîtres dans l'atelier, encouragés à perfectionner un travail dont les produits n'appartiendraient qu'à eux-mêmes. En justifiant d'une bonne administration et de quelques éléments sérieux de succès il ne sera point impossible aux travailleurs associés d'avoir recours au crédit public, au moyen de leurs engagements solidaires ou simplement juxtaposés.

Déjà Napoléon III, qui a pris à cœur la vaste entreprise de l'émancipation sociale, si heureusement commencée sous son règne, a organisé lui-même une Caisse de crédit pour les sociétés coopératives. Hautement encouragée, cette société de crédit au travail est appelée, sans aucun doute, à prendre un grand développement et à devenir la banque des associations populaires. Constituée avec un premier capital de 500,000 fr. souscrit par l'Empereur, elle atteindra avant peu d'années un chiffre beaucoup plus élevé, qui permettra d'encourager partout la création de nouvelles sociétés ouvrières.

Bientôt le mouvement coopératif, se propageant sous toutes ses formes dans les principaux centres industriels et agricoles, enlacera la France de ses innombrables réseaux, et donnera un essor immense à la richesse nationale et aux prospérités individuelles.

Dans un pays de petites propriétés comme la France, la coopération doit être le premier principe de l'économie sociale. En effet, tout en conservant les avantages politiques et moraux de la division des propriétés territoriales, la coopération peut faire en France, sans droit d'aînesse, ni substitutions, ni majorats, ce que la concentration de la propriété et l'énormité des fortunes ont fait en Angleterre.

L'association heureusement combinée avec la liberté individuelle, la concurrence entre les sociétés coopératives, l'inégalité de rémunération suivant la tâche accomplie, assureront toujours une émulation utile et féconde.

L'impulsion donnée, les capitalistes comprendront qu'il est de leur intérêt bien entendu d'associer les ouvriers dans leurs entreprises en leur accordant une part proportionnelle dans les bénéfices ; la forme coopérative est assez large pour comprendre les patrons et les capitalistes comme les salariés proprement dits.

Progressivement, sans qu'aucun droit acquis, aucun intérêt privé soit lésé, l'institution du salariat, cette fille de l'antique esclavage, plus cruelle encore, si la faim a présidé au contrat entre le prolétaire et le capitaliste, tendra à disparaître *en partie*, pour faire place à une meilleure organisation sociale.

L'économie industrielle doit rechercher une juste répartition entre tous des avantages sociaux, et s'inquiéter moins de la multiplicité des produits que du point de savoir si la multitude des travailleurs pourra vivre un peu à l'aise. Le salariat, qui repose sur des principes tout à fait contraires, est nécessairement une cause de trouble et de conflits entre les patrons et les ouvriers. Les premiers, qui subordonnent tout aux calculs des produits, sans souci des agents du travail, n'envisagent dans le salaire que le prix de la main-d'œuvre; la réduction de ce prix, au taux le plus bas, permettant à l'entrepreneur un débit et des bénéfices abondants, c'est cette réduction qu'il a constamment en vue. De là une lutte éternelle, d'où l'ouvrier sort toujours vaincu et enchaîné.

Il importe que cette inique oppression de la classe la plus utile et la plus nombreuse disparaisse, que cette odieuse violation du droit vital de l'humanité ait un terme. L'homme de travail n'est pas un pur instrument, une simple matière exploitable. Il doit avoir sa juste part dans les avantages de la commune association.

L'idéal d'une bonne organisation pour la société consiste précisément dans cette équitable distribution des charges et des bénéfices de l'état social.

La nation la mieux organisée, socialement, est celle qui compte le moins de riches et le moins de pauvres; c'est celle qui possède une forte classe moyenne, intelligente, honnête, parce qu'elle est instruite et laborieuse, parce que, sans avoir la richesse qui corrompt

et amollit les âmes, elle a l'espoir d'arriver par le travail à une heureuse aisance qui lui donne l'indépendance et la met à l'abri des entraînements du mal.

Le despotisme des aristocraties, les abus des riches,
qui sont les instruments les plus actifs de la corruption
du peuple, l'ignorance et la misère des classes inférieures, voilà ce qui engendre les révolutions.

Élever la classe moyenne, donner le bien-être aux
classes laborieuses, c'est leur inspirer la haine et la
crainte des révolutions violentes, c'est élever encore le
niveau de la moralité. car la moralité est presque toujours en rapport avec le bien-être matériel. La misère
dégrade et enchaîne l'homme, et les populations les
plus misérables sont souvent les moins morales.

Voulez-vous avoir la mesure de la moralité d'un
peuple ? comptez ses millionnaires et ses misérables.

Élever la classe moyenne, moraliser les masses en
leur donnant le bien-être et l'indépendance, voilà
donc le but où doivent tendre tous les efforts, toutes
les espérances.

L'intérêt, le devoir, tout nous presse d'accomplir
l'œuvre sainte de la régénération sociale. Le peuple a
pour lui la justice, le droit; et le droit, la justice,
triompheront infailliblement.

Que les travailleurs suivent avec confiance la voie
large qui leur a été tracée par la main de Napoléon !
Qu'ils marchent en avant avec prudence, sans précipi-
tation comme sans faiblesse, et la Révolution sociale
aura fait un pas immense.

Tout s'opère dans la société lentement, par voie de

développement, par un progrès continu, gradué, et non par des soubresauts ou de violentes secousses. On ne saurait sans de lamentables déceptions faire abstraction du temps, et de ce que le temps amène avec soi. Il n'y a de possible que ce qui a été préparé longuement, ce qui est déjà mûr dans l'opinion publique. On doit se garder surtout de l'esprit de système, des spéculations préconçues, inapplicables, qui ont pour effet d'effrayer les esprits timides, inquiets, toujours prêts à crier au communisme dès qu'on parle de réforme sociale, et de retenir, dans une déplorable inertie, les hommes les mieux disposés dont le concours est utile, indispensable. Toute réforme qui se présente comme une perturbation radicale des choses existantes, comme le renversement de ce qui a encore dans les idées, les habitudes, des racines vivantes, échoue toujours.

Une nation sage, éclairée, améliore progressivement ses institutions, et ne songe point à les renverser du jour au lendemain. A quoi donc ont servi tant de bouleversements ? Qu'a gagné la France, de rouler ainsi d'abîme en abîme, de révolution en révolution, de la République aux Bourbons, des Bourbons aux Orléans, des Orléans à la République ? Chacune de ces révolutions a fait reculer d'un siècle la liberté.

Grands enfants que nous sommes, nous nous payons de mots ; nous ne nous rendons aucun compte des difficultés qui entravent les meilleurs gouvernements. Dominés par un esprit d'opposition absurde qui est passé chez nous à l'état de manie et de mode, nous critiquons sans réflexion, systématiquement, tous les actes du pouvoir, quel qu'il soit, monarchie ou république, pour applaudir ensuite sans réserve à toutes les attaques justes ou injustes, fondées ou non fondées, dirigées contre lui par ses ennemis les plus acharnés. Nous avons toujours écouté d'une oreille favorable les conseils insensés ou malveillants de l'orgueil froissé, des ambitions déçues, des rancunes non satisfaites.

Il serait temps cependant d'en finir avec toutes ces révolutions que le peuple paie, lui tout le premier, si douloureusement. Il serait temps d'en finir avec les expériences folles, avec les illusions vaines et les déclamations inutiles !

Quoi qu'on en dise, les institutions actuelles renferment un principe supérieur, que n'ont pas celles des autres peuples, le principe de l'égalité. Fécondées par la liberté, elles enfanteront des merveilles, et seront l'envie des nations. Cherchons à les perfectionner, ne cherchons pas à les détruire, nous irions droit à l'anarchie et au plus effroyable despotisme.

Quoi qu'on en dise, nous avons un gouvernement habile qui a fait de grandes choses, et en prépare de plus grandes encore ; nous avons une dynastie glorieuse et populaire qui nous conduira, pacifiquement, sans secousse, à la vraie Liberté, à la Liberté appuyée sur un Pouvoir sorti des entrailles mêmes du peuple, à la Liberté qui puise sa force et sa grandeur à la source de l'Égalité et de la démocratie. Oui, la Liberté est sœur de l'Égalité ; là où il n'y a pas l'Égalité au triple point de vue civil, politique et social, la Liberté n'est qu'une illusion, un mirage trompeur.

L'Empire, c'est la révolution en ce qu'elle a de grand et de juste; c'est la démocratie couronnée; c'est le triomphe du peuple!

Avec le suffrage universel, un peuple est vraiment libre, s'il est à la hauteur de la Liberté, s'il est digne d'être libre. Soutenir le contraire serait frapper les peuples d'incapacité politique et condamner à mort le suffrage universel.

Sous le régime censitaire, on accusait le pouvoir de séduire et corrompre les suffrages. Qui oserait aujourd'hui porter une pareille accusation? On dit que le suffrage universel subit la pression du Gouvernement; c'est, dans tous les cas, une pression purement morale qu'il dépend du peuple d'accepter ou de ne pas accepter : les élections se font publiquement et peuvent être surveillées par tous les citoyens; les bulletins sont fermés et déposés dans une même urne. Certes, le fonctionnaire le plus infime, le moins indépendant, n'est-il donc pas libre lui-même de voter contre le candidat du Gouvernement? Le vote est secret!

Ce que l'on peut affirmer, c'est que le suffrage universel, jeune encore, inexpérimenté, s'est laissé jusqu'ici influencer, diriger exclusivement par les partis ou par le Gouvernement. Voilà la vérité! Mais, que le peuple grandisse par l'instruction, par l'intelligence, par la raison, qu'il soit capable, en un mot, de comprendre ses véritables intérêts, et d'avoir une volonté à lui, nous verrons si la grande voix du suffrage universel ne saura pas se faire entendre, si tout ne cédera pas à sa puissance irrésistible!

Le **suffrage universel** est la garantie, la source fé-

conde de toutes les libertés. Avec cette garantie, une
nation a un moyen énergique, efficace, de manifester
sa pensée, d'exprimer sa volonté. Si l'opinion publique
n'est pas un vain mot, elle sera entendue, obéie, lorsqu'elle voudra réellement une chose, lorsqu'elle se
prononcera énergiquement. Et alors, par le pacifique
exercice de sa souveraineté toute-puissante, le peuple
aura l'influence qui lui appartient sur la direction des
affaires publiques, et effectuera sans obstacle les amé-
liorations de tout genre, économiques, civiles et politiques, qu'il jugera lui-même actuellement praticables.

Un gouvernement de suffrage universel, s'il est pru-
dent et habile, voudra toujours ce que veut la majorité du peuple. Le premier intérêt d'un pouvoir qui
repose sur la volonté nationale n'est-il point, en effet,
de se maintenir dans l'affection du peuple, d'être d'accord avec lui?

Sans doute le gouvernement cherchera à diriger
l'opinion publique; mais s'il la dirige, elle le veut bien;
s'il la dirige, ce n'est point parce qu'il la domine,
mais plutôt parce qu'il marche le premier, au lieu de
la suivre.

L'Empereur veille sur les destinées du pays, la
main appuyée sur le cœur du peuple. Qu'il le sente
toujours battre avec ardeur au nom de la France et de
Napoléon! Que la devise de la nation française soit :
Liberté et Napoléon!

L'Empereur aime la Liberté : amis et ennemis,
tous reconnaissent que c'est un homme de génie, une
intelligence supérieure. Il n'est point possible que ses
intentions, son cœur et sa pensée ne soient pas à la

hauteur de son génie. Croyons-en plutôt les paroles d'un noble citoyen qui connaît Napoléon et qui jamais n'a flatté personne : « L'homme le plus libéral de l'Empire, *c'est l'Empereur !* » On pourrait ajouter : Le souverain le plus démocrate de l'Europe, *c'est l'Empereur !*

II

Colonisation

De l'autre côté de la Méditerranée, à quarante-huit heures des rivages de France, la domination française s'étend sur un des pays les plus vastes et les mieux situés de l'Afrique septentrionale.

Quels fruits avons-nous recueillis de la possession de ces territoires si riches et si fertiles? Jusqu'à ce jour, l'Afrique a englouti les millions de la France et dévoré ses plus vaillants enfants. La colonisation n'a obtenu que des résultats négatifs. A peine l'Algérie compte-t-elle 180,000 colons, depuis trente-cinq ans que dure l'occupation française.

L'initiative individuelle a été impuissante à vaincre les obstacles; une triste expérience l'a prouvé, et il est plus clairement démontré que le concours sérieux de l'État est indispensable pour mener à bonne fin une aussi colossale entreprise.

La paix garantie partout en Europe, les grandes

économies réalisées par le licenciement des armées permanentes, permettent aujourd'hui au Gouvernement impérial de prendre une part active et directe aux opérations de la colonisation algérienne qui va devenir une œuvre administrative et gouvernementale.

Après avoir mis à l'étude le plan et les bases d'un nouveau système de colonisation, l'empereur Napoléon ordonne la formation d'un corps de 10,000 hommes, qui devront être attachés au défrichement des terres destinées à la colonisation.

Les soldats-*défricheurs*, soumis à une discipline et à une organisation particulière, sont libérables au bout de trois ans de service. Ils ont une double mission à remplir : comme soldats, ils veillent à la sécurité des colonies agricoles; comme travailleurs, ils défrichent les terres incultes, tracent les routes et préparent les constructions nécessaires à la première installation des colons.

Afin de subvenir aux besoins d'une colonisation pratiquée sur une vaste échelle, les millions d'hectares disponibles en Algérie sont réservés pour les colonies agricoles. De plus, l'Administration impose toutes les terres non-cultivées appartenant aux tribus arabes, pour les amener à les vendre.

Il est établi en principe que tout citoyen français, dénué de moyens d'existence, aura *droit à la propriété coloniale*, à la concession d'autant de terre qu'il pourra en cultiver par lui-même ou par sa famille. Le titre de la propriété est définitif, la concession absolument gratuite et libre de toute servitude, charges ou obligations onéreuses.

Désormais l'émigration en Algérie est collective.
Dans tous les chefs-lieux d'arrondissement, des bu-
reaux d'émigration ouverts à une époque déterminée
de l'année, reçoivent et inscrivent les demandes de
concessions gratuites.

La colonie agricole organisée en France se com-
pose autant que possible des émigrants d'une même
commune, du même arrondissement, qui s'embarque-
ront sur le même bâtiment, aux frais de l'État, jusqu'au lieu de destination. Dès leur arrivée, les colons
seront mis en possession des terres et des constructions préparées pour les recevoir. Les premières difficultés du défrichement, aplanies par les soldats-*défricheurs*, la tâche des colons est devenue facile ; ils
n'ont qu'à se mettre résolument à l'œuvre, avec la
perspective encourageante et même certaine que leurs
efforts seront couronnés par un plein succès, surtout
s'ils comprennent qu'avec une bonne *coopération* il
est en leur pouvoir d'augmenter progressivement
leurs forces et leurs moyens d'action.

Dans les commencements, les colons devront être
concentrés sur un seul point et autour d'un des centres militaires les plus importants qui les défendra, et
dont ils assureront les approvisionnements. Avec le
temps, la zone de la colonisation ,s'étendant successivement autour de chaque station militaire, finira par
rayonner sur toute la contrée, et la colonisation aura
conquis l'Algérie.

On arrivera à ce grand résultat sans que de fortes
dépenses soient nécessaires ; les soldats-défricheurs ne
coûteront pas plus pour leur entretien que les autres

hommes de l'armée française. Il n'y aura donc point de frais de main-d'œuvre pour les travaux de défrichement. Toute la dépense se réduira à l'achat des matériaux pour les constructions et au transport gratuit des émigrants.

Une avance de quelques millions ne sera pas un sacrifice, mais un magnifique placement, puisqu'elle aura pour conséquence immédiate de développer la richesse territoriale de l'Algérie avec la consommation générale, et par suite celle d'augmenter le produit des impôts fonciers et la perception des contributions indirectes.

Et d'ailleurs, si une dépense doit être risquée dans un intérêt d'humanité en faveur des masses deshéritées, n'est-il pas sage de la tenter pour ouvrir une carrière à la fois agricole, industrielle et commerciale aux malheureux qui, dénués de ressources, ont besoin de se créer une nouvelle ou meilleure existence?

Quelle source de prospérité pour la France, qu'une colonisation bien entendue et dirigée avec vigueur! Quels bienfaits inappréciables à tous les points de vue!

Il existe un penchant invincible qui porte certains hommes à se déplacer, à changer de pays, à tenter la fortune. L'émigration, organisée avec des avantages non équivoques, offrira une issue à ces imaginations inquiètes qu'agite le désir du changement, et débarrassera la société de ferments dangereux.

Dans nos temps de troubles, de crises commerciales

ou industrielles, l'émigration ouvrira un refuge à cette masse d'ouvriers auxquels la prospérité de l'industrie donne une activité fébrile, et que la stagnation des affaires ou l'introduction de nouvelles machines laisse sans travail et plonge dans la misère. Beaucoup de ces travailleurs qui ont déserté les campagnes, beaucoup de ces ouvriers ou artisans qui végètent dans les villes, et dont les métiers inutiles ne servent qu'à encourager un luxe effréné, accepteront la riante perspective de devenir un jour de riches propriétaires en Algérie.

Sous le rapport social, la colonisation présente la solution d'un redoutable problème qui a préoccupé à toutes les époques les philanthropes et les économistes : je veux parler du paupérisme, la plus grande plaie des sociétés modernes.

Il résulte des recherches respectives de plusieurs économistes, que le nombre total des individus qui, en France, vivent de l'aumône, représente la vingtième partie de la population, 1 sur 20, environ deux millions d'hommes.

Quels remèdes pour guérir cette lèpre sociale ou en arrêter les progrès? L'aumône rendue plus abondante? La taxe des pauvres?

Mais l'aumône dégrade l'homme; elle ne secourt que des individus et n'arrête pas le paupérisme; au contraire, elle le développe en propageant le vice et la corruption.

En Angleterre, où la taxe des pauvres a été érigée en loi, elle s'est élevée jusqu'à 210 millions par an, et la moyenne des pauvres s'est accrue dans la proportion de 1 sur 6, c'est-à-dire qu'un homme sur six vit de la charité publique. Tel est le bilan social du peuple anglais.

Et cependant, Dieu n'a pas fait l'humanité pour qu'une minorité énorme vive dans la misère à perpétuité.

La misère est la conséquence d'une mauvaise organisation sociale, le résultat de vices qu'il faut combattre ou d'une fatalité naturelle qu'une société civilisée doit réparer.

La colonisation africaine nous fournit les moyens les plus sûrs et les plus pratiques de porter un remède efficace à ces maux, en amenant l'extinction progressive et radicale du paupérisme.

Excitons, encourageons de tout notre pouvoir l'émigration. Les pauvres, tous les individus sans ouvrage ni ressources trouveront en Algérie des éléments de bien-être avec la faculté d'utiliser leur force et leur intelligence. Au lieu de dépenser en pure perte chaque année des millions pour leur venir en aide, employons ces millions à leur donner les moyens d'arriver par le travail et l'honnêteté à se créer une existence honorable. Ce pays, d'une fertilité prodigieuse, offre des terres désertes et sans occupants. Il dépend du gouvernement de faire d'heureux et riches propriétaires de ces Français indigents qui n'ont pas un coin de terre, pas une pierre où reposer la tête.

Aux indigents invalides, l'hospice et la Sœur de Charité !

Aux indigents valides, le travail et la propriété coloniale !

Et tous ces enfants assistés, ces malheureux orphelins qui fourmillent dans l'asile des hôpitaux, ces jeunes pénitenciaires abandonnés par leurs familles, ou sans famille, et qui sont un lourd fardeau pour l'État, ne serait-il pas humain et d'une bonne politique de les faire élever sur la terre africaine, qu'ils aimeraient comme leur patrie? Pourquoi ne pas faire d'honnêtes laboureurs algériens de ces jeunes hommes, de bonnes mères de famille de ces jeunes filles, abandonnés les uns et les autres par milliers chaque année au milieu d'un monde qui les repousse, dans le sein d'une civilisation corrompue, livrés qu'ils sont sans défense et sans appui à toutes les séductions du Mal?

Les habitudes d'émigration entrent décidément dans l'esprit des populations modernes. Ce n'est plus par quelques milliers seulement que des colons vont chaque année demander à la terre étrangère un travail et un bien-être qu'ils n'espèrent pas trouver sur le sol de l'Europe; c'est maintenant un demi-million d'hommes qui, tous les ans, désertent en masse les pays allemands, la Suisse, la Scandinavie, l'Angleterre, pour se répandre aux États-Unis, au Canada, dans l'Amérique du Sud, en Océanie, et dans toutes les contrées lointaines dont nous séparent les deux Océans.

Il ne sera pas impossible de détourner ce courant d'émigration qui porte de l'ancien Monde dans le Nouveau. Ce courant vers l'Afrique se formera par l'attraction irrésistible qu'exerceront les hommes qui ont déjà émigré et réussi sur ceux qui n'ont pas encore quitté le sol natal. Si les premiers colons ont trouvé un sort heureux en Algérie, dans certaines provinces tempérées, plus paisibles que les autres, ils attireront à leur suite un grand nombre de leurs compatriotes. Les émigrants européens auront foi dans l'avenir de l'Afrique, et n'hésiteront pas à y transporter, avec leurs familles, leur esprit, leur industrie et leurs ressources.

L'Algérie, devenue une *Nouvelle-France,* sera le *déversoir* du trop-plein de l'Europe et de la France. Avant quinze ans, nous pouvons avoir en Afrique deux millions de Français ou d'Européens qui serviront de contre-poids à la population indigène, et qui, mêlés aux Arabes, seront capables de les contenir et de les faire concourir à la régénération des pays *barbaresques*. La fusion des races s'opérera par la seule force du temps sous l'empire des intérêts communs; et la civilisation musulmane, vaincue enfin pacifiquement, cédera la place à la civilisation européenne, qui l'absorbera. On verra naître une nation nouvelle, destinée à porter le flambeau de la civilisation chrétienne jusque dans les profondeurs ténébreuses les plus reculées de la vieille terre d'Afrique.

III

Libertés politiques

On a souvent reproché à l'Empire son despotisme.
Libre aux intelligences mesquines, aux mécontents dé-
classés de crier : Anathème contre César. Aux yeux du
bon sens, comme aux yeux de l'histoire, Napoléon aura
bien mérité de la démocratie et de la Liberté.

Au lendemain d'une révolution, lorsque les esprits
étaient violemment surexcités, l'anarchie à nos portes,
la société en péril, le premier devoir du Gouvernement n'était-il pas de maîtriser les passions déchaînées
et de rétablir la sécurité publique menacée?

Dans les circonstances graves, la république ro-
maine décrétait la dictature au nom du salut public.

A une époque de trouble et de transition comme la
nôtre, où tout était à refaire dans l'ordre social comme
dans l'ordre politique, lorsque les fondements de la
vieille société craquaient de toutes parts, lorsqu'il s'a-
gissait de construire un nouvel édifice sur des bases
larges et solides, le moment eût-il été bien choisi pour

lâcher la bride aux factions qui désolaient le pays, et qui, pour un vain mirage, pour un rayon de liberté impossible, auraient sacrifié l'avenir de la France et de l'Europe?

Pour abattre l'oligarchie et la réaction européenne plus menaçantes que jamais, pour résoudre les questions européénnes en faveur des nationalités et de l'indépendance des peuples, pour assurer le triomphe de la Révolution en Europe, devait-on laisser les forces vives de la nation se consumer dans des luttes stériles? Est-ce qu'il ne fallait pas une main ferme, un pouvoir fortement constitué, et libre dans son action?

. . . .

Toutes ces grandes choses accomplies, la démocratie pleinement victorieuse en Europe, la situation n'est plus la même.

La guerre finie, le sort de la France, celui de l'Europe fixé ; les passions apaisées, les esprits plus calmes ou franchement ralliés à l'Empire, il n'y a plus qu'un grand parti, celui de l'ordre et de la Liberté. Le développement des institutions politiques, l'extension des libertés publiques, vont devenir la préoccupation constante et unique du Gouvernement impérial.

La *liberté individuelle,* la plus précieuse et la plus nécessaire de toutes, trouve désormais une garantie sévère dans la liberté de la presse et dans la faculté accordée aux citoyens de poursuivre, sans l'autorisation du Conseil d'Etat, les actes arbitraires commis par les agents de l'Administration.

La *Presse,* délivrée de ses entraves, est soumise à une juridiction régulière et régie par le droit commun.

L'inviolabilité de la pensée est la première conséquence de cette liberté : tout citoyen pouvant exprimer
et publier librement son opinion sur toutes les questions qui intéressent son pays.

Le *droit de réunion*, réglementé seulement par les
nécessités de l'ordre public, consacre la liberté élec-
torale. Les électeurs ont le droit de se réunir pour se
concerter sur le choix des mandataires qui, selon eux,
doivent le mieux représenter l'opinion et les intérêts
du pays.

Le principe des candidatures officielles est toujours
ouvertement proclamé par le Gouvernement ; mais
avec le suffrage universel et le droit de réunion, cette
intervention ne saurait offenser et paralyser la liberté
des élections.

Sous tous les gouvernements, monarchie ou république, dans tous les pays prétendus libres, l'Angleterre ou l'Amérique, le pouvoir a des candidats à lui
qu'il soutient de toute son influence, de tous ses
efforts.

Et pourquoi, en effet, le Gouvernement, qui est le
représentant légal des intérêts généraux de la société,
le représentant légal des principes politiques de la majorité de la nation, n'aurait-il pas comme la minorité
le droit et le devoir de diriger, de conseiller l'opinion
publique? Aucun gouvernement ne saurait demeurer
impassible et conserver une neutralité absolue, lorsqu'il se trouve souvent en présence d'une minorité au-
dacieuse, d'une opposition systématique qui cherche
par tous les moyens à bouleverser le pays, à agiter les
masses populaires, si faciles à séduire et à entraîner.

Le principe et la nécessité des candidatures officielles ont constamment été reconnus par tous les hommes qui ont été au pouvoir, sous le gouvernement de Juillet, comme sous la république de 48. Ne vaut-il pas mieux, dès lors, une action franche et loyale qu'une intervention voilée et occulte indigne d'un gouvernement qui se respecte?............

Le *Corps législatif*, représentant fidèle de l'opinion publique, a, grâce aux libertés parlementaires dont le plein exercice lui est attribué, tous les pouvoirs nécessaires pour manifester les aspirations du pays et faire prédominer sa volonté dans les affaires de l'État.

Investi d'un droit de contrôle et d'examen sans limites, il vote le budget, les impôts et le contingent.

Investi du droit d'initiative et d'amendement, il n'accepte qu'en parfaite connaissance de cause les propositions de lois qui lui sont faites, et il peut les amender ou les corriger dans les parties qui lui semblent défectueuses.

Avec le droit d'interpellation, il peut adresser au gouvernement toutes les questions touchant la situation extérieure ou intérieure et l'exécution des lois........

La *responsbailité ministérielle* devient également le principe de la Constitution perfectionnée, mais avec quelques changements dans l'ancien système. Ainsi la fiction mensongère de l'irresponsabilité du souverain, avec laquelle le trône n'a ni prestige ni influence, n'est pas acceptée par le gouvernement.

L'Empereur est responsable devant la nation. Il règne et gouverne avec le conseil des ministres. Les mi-

nistres sont responsables devant la Chambre, mais
leur responsabilité est individuelle. Ils ne forment pas
un cabinet; il n'y a entre eux aucune solidarité.

Ainsi entendue, la responsabilité ministérielle ne
sera plus en réalité un déplacement de l'autorité, la
violation flagrante du grand principe de la séparation
des pouvoirs législatif et exécutif. Et l'on aura évité
pour l'avenir ces crises ministérielles, ces fréquents
changements de ministères, qui sont une calamité pour
la bonne administration de l'État. — Avec la *non-so-
lidarité* des ministres, l'impopularité ou l'incapacité
d'un mauvais ministre ne retomberont point injuste-
ment sur ses collègues. Le pays n'assistera plus au
triste spectacle de cette chasse aux portefeuilles, de
cette guerre de mots et de chicane où les plus intri-
gants, les plus ambitieux, réunissent et dirigent tous
leurs efforts contre un ministre pour renverser le cabinet tout entier, dans l'unique but souvent de con-
quérir le pouvoir et de se partager ses dépouilles.

Le passé a suffisamment démontré les inconvénients
et la stérilité du gouvernement *ministériel.* L'expérience est faite. Il faut essayer d'un nouveau système.

Les institutions politiques n'ont pas de formes dé-
terminées invariables. Il n'y a pas plus de formule générale pour la Liberté, qu'il n'y a de panacée universelle pour guérir tous les maux de l'humanité! Une
constitution est l'œuvre du temps. A l'avenir appartient le soin d'indiquer les progrès à faire et les amé-
liorations à apporter dans l'organisation si compliquée
des institutions politiques.

La noble tâche que s'est imposée l'Empereur est achevée, la grande œuvre napoléonienne est accomplie.

La cause des peuples aimée, servie de toutes les puissances de son génie, la prospérité et la grandeur de la France assurées, seront les titres impérissables de la gloire de Napoléon III.

Après les rudes labeurs d'un règne qui a fait l'admiration du monde, l'Empereur, las du lourd fardeau des affaires publiques, aspire à terminer les derniers jours d'une existence dignement remplie dans le repos et la liberté. Il abdique le pouvoir en faveur de son fils. L'Impératrice Eugénie est proclamée Régente, et gouverne avec le conseil des Ministres jusqu'à la majorité de Napoléon IV.

Louis-Napoléon, rentré dans la vie privée, et devenu simple citoyen, veille sur les premières années du règne de son fils. Sa pensée est toujours à la France, et il s'est promis de faire du jeune Souverain un homme capable de présider aux destinées de sa nation.

L'Empereur Napoléon III a régné : Le dix-neuvième siècle portera son nom.

L'histoire dira qu'il aima sincèrement le peuple. Ses actes furent toujours inspirés par l'amour du bien public : connaître la pensée de la nation, apprécier ses besoins, ses aspirations, fut son principal souci. Il prépara le règne d'une liberté durable, en lui donnant pour assise un pouvoir sérieusement constitué.

L'histoire dira que son règne fut un bienfait pour les peuples ; que Napoléon III fut le vaillant champion des immortels principes de la Révolution française et le *Rédempteur* des nations : l'Italie affranchie, sous son inspiration, l'Allemagne sortie du néant, la Pologne ressuscitée, diront à la postérité qu'il fut le plus généreux des princes, le premier souverain de l'Europe.

En abdiquant la couronne en faveur de son jeune fils, l'Empereur a remis avec confiance entre les mains du peuple français l'avenir de sa dynastie. Cette confiance ne sera pas trahie : après les grandes choses qui ont été faites, la famille des Napoléon est identifiée avec la fortune de la France, et le trône impérial est fixé comme dans un roc de granit par l'amour et la reconnaissance des peuples.

En résumé, telle est la situation de l'Empire français à l'avènement de Napoléon IV.

A l'*intérieur*, la France heureuse, tranquille, libre des préoccupations extérieures, satisfaite dans ses aspirations les plus généreuses, jouit, au milieu d'une paix profonde, d'une prospérité croissante. Ses hommes d'Etat peuvent se livrer exclusivement à la solution des problèmes sociaux qui intéressent la nation, et aux grands travaux de l'industrie et de l'agriculture.

La Révolution sociale a commencé son œuvre gigantesque : l'instruction, généreusement répartie entre tous les citoyens, élargit l'intelligence et développe la moralité des masses ; la liberté d'association, en donnant l'égalité sociale aux classes laborieuses, prépare une meilleure organisation sociale, et, par suite, une plus juste répartition dans les fruits du travail ; la colonisation algérienne fournit même aux plus indigents le moyen certain d'arriver au bien-être, à la fortune peut-être.

Dans l'ordre politique, le *couronnement de l'édifice* impérial s'est élevé au milieu des applaudissements enthousiastes de la nation. L'Empire a résolu le grand problème du dix-neuvième siècle : la réconciliation du Pouvoir et de la Liberté.

Avec un vaste ensemble de libertés raisonnables, avec le bienfait inappréciable du suffrage universel qui les renferme toutes, la nation entre dans la pleine possession d'elle-même ; elle est vraiment maîtresse de ses destinées.

Après la gloire des armes, l'Empire ambitionne la gloire civile, plus belle, plus noble et plus durable. — Toutes les réformes qui ont été possibles jusqu'ici se sont réalisées ; il ne reste plus qu'à suivre la voie ouverte, et à marcher en avant avec une foi invincible dans l'Étoile de la France.

A *l'extérieur*, la France est à l'apogée de sa gloire et de sa puissance. — Égale des grandes nations de l'Europe, si elle ne domine plus le monde par la force des armes, elle est toujours la première entre les nations, par son influence morale, par l'expansion de sa politique généreuse et libérale, par l'activité du génie de son peuple. — Grande et magnifique, elle a recouvré le Rhin, cette limite du grand fleuve qui, pendant plus de mille ans, avait déjà séparé la Gaule de la Germanie.

Grâce à la politique habile et loyale du plus grand des Napoléon, l'Europe a accepté sans inquiétude l'agrandissement de la France : l'amour de la paix et de la justice, le génie de la politique lui ont rendu ce que le génie de la guerre et l'amour de la gloire lui avaient fait perdre.

Entourée de nations sœurs qui lui doivent leur indépendance ou leur grandeur, la France a bien mérité de l'Europe et de l'humanité.

Les temps approchent où l'union des peuples ne sera point un vain rêve. Plus de guerres, plus de frontières ! Il n'y a déjà plus ni Français, ni Anglais, ni Allemands, ni Italiens, mais des hommes, des frères, les fils de la grande famille européenne, cette race privilégiée et bénie de Dieu.

Un large horizon se découvre : Quelle perspective de grandeur et de nobles jouissances ! Quel sublime spectacle !

De l'Orient se lève un soleil éblouissant de lumière, jusqu'ici inconnu, le soleil de la *Justice* et de la *Liberté*.

Ainsi auront été réalisées, par la rédemption des peuples, les paroles prophétiques du martyr de Sainte-Hélène. . . . .

« Rien ne saurait désormais détruire ou effacer les « grands principes de notre Révolution. Ces grandes « et belles vérités doivent demeurer à jamais, tant « nous les avons entrelacées de lustres, de monu-« ments, de prodiges ; nous en avons noyé les pre-« mières souillures dans des flots de gloire ; elles se-« ront désormais immortelles. Sorties de la tribune « française, cimentées du sang des batailles, décorées « des lauriers de la victoire, saluées des acclamations

« des peuples, sanctionnées par les traités, les allian-
« ces des souverains, devenues familières aux oreilles
« comme à la bouche des rois, elles ne rétrograderont
« pas. Elles vivent dans la Grande-Bretagne; elles
« éclairent l'Amérique; elles sont nationalisées en
« France; voilà le trépied d'où jaillira la lumière du
« monde. Elles le régiront, elles seront la foi, la reli-
« gion, la morale de tous les peuples. Et cette ère mé-
« morable se rattachera, quoi qu'on en ait voulu dire,
« à ma personne, parce qu'après tout, *j'ai fait briller
« le flambeau, consacré les principes*, et qu'aujourd'hui
« la persécution achève de m'en rendre le *Messie*.
« Amis et ennemis, tous m'en diront *le premier sol-
« dat, le grand représentant*. Aussi, même quand je
« ne serai plus, je demeurerai encore pour les peuples
« l'étoile polaire de leurs droits; *mon nom sera le cri
« de guerre de leurs efforts, la devise de leurs espé-
« rances.* » (*Mémorial.*)

54516 Paris. — Typographie RENOU et MAULDE, rue de Rivoli, 144.